3. Auflage 2024

ISBN 978-3-7725-3189-7

Verlag Freies Geistesleben
Landhausstraße 82 · 70190 Stuttgart
www.geistesleben.de

Druck: Print Best Printing Company, Viljandi
Printed in Estonia

FSC www.fsc.org MIX Papier | Fördert gute Waldnutzung FSC® C129413

ClimateCalc™
Der CO2-Ausstoß dieses Druckproduktes wurde mit ClimateCalc berechnet und kompensiert: South Pole
www.climatecalc.eu CC-000113/EE

Entdecken Sie weitere
Bilderbücher:
geistesleben.de/bilderbuch

Die Kartoffel und der Sinn des Lebens

BIRTE MÜLLER

Verlag Freies Geistesleben

Es war einmal eine kleine Kartoffel.
Sie wusste, wozu sie auf der Welt war:
nämlich, um gegessen zu werden!
Alle Kartoffeln wussten das und sie freuten sich darauf.
Sie wollten Kartoffelmus werden oder Bratkartoffeln,
Kartoffelsalat oder natürlich Kartoffelsuppe!
Nur die eine kleine Kartoffel aus dieser Geschichte,
die wollte einfach nicht gegessen werden –
und in eine Kartoffelsuppe wollte sie schon gar nicht!

Die anderen Kartoffeln waren empört:
«Es ist doch der Sinn unseres Lebens,
die Menschen satt zu machen!
Du MUSST mit uns in die Suppe kommen!»
«Gar nichts muss ich!», antwortete die
kleine Kartoffel und kullerte vom Tisch.
Sie hopste quer durch die Küche
und durch eine offene Tür in den Garten hinaus.

Draußen traf die kleine Kartoffel einen Vogel.
«Was bist du denn?», fragte die Kartoffel.
«Ich bin ein Vogel», flötete der Vogel.
«Wollen sie aus dir auch eine Suppe kochen?», wollte die kleine Kartoffel wissen.
«Nein!», antwortete der Vogel.
«Aber was ist dann der Sinn deines Lebens?»
«Ich weiß nicht», erwiderte der Vogel, «ich sitze einfach im Baum und singe.»
«Ein schöner Lebenszweck», fand die Kartoffel und hüpfte durch den Garten.
Sie pfiff auch ein Lied.
Das klang vielleicht nicht so schön wie das vom Vogel, aber es machte ihr Spaß.

Da begegnete die kleine Kartoffel einem Regenwurm.
«Was bist denn du für einer?», fragte die kleine Kartoffel.
«Ich bin ein Regenwurm», antwortete der Regenwurm.
«Kannst du auch singen oder kommst du in die Suppe?», erkundigte sich die Kartoffel.
«Wir Regenwürmer graben die Erde um, dann können die Pflanzen besser wachsen. Und wir sind die Lieblingsspeise der Vögel. Aber sie kochen nicht extra eine Suppe aus uns.»
Die kleine Kartoffel rollte beeindruckt weiter – was für ein nützliches Wesen so ein Regenwurm doch war!

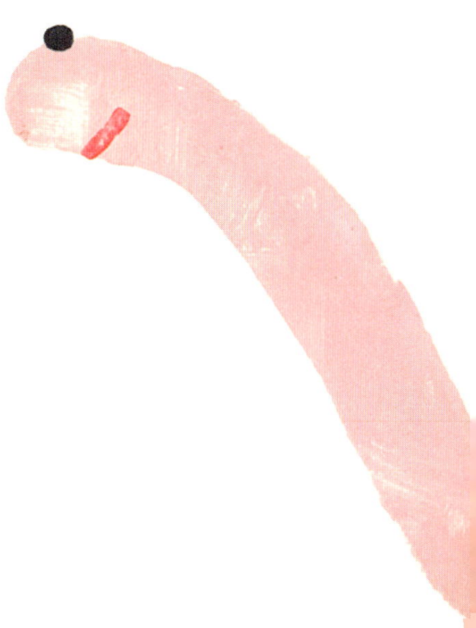

Da begegnete die kleine Kartoffel einer Hummel.
«Und was bist du?», wollte die kleine Kartoffel wissen.
«Ich bin eine Hummel», antwortete die Hummel.
«Wofür bist du auf der Welt?», fragte die Kartoffel.
«Ich bestäube die Blüten, damit Früchte wachsen können.
Vielleicht bin ich dafür da», antwortete die Hummel
und flog brummend zu einer Blume.
Das gefiel der Kartoffel sehr.
Vor sich hin summend hoppelte sie ebenfalls
zu einer Blume. Sie wäre auch gern geflogen,
aber das konnte sie leider nicht.

«Hallo! Was bist du denn Hübsches?»,
fragte die kleine Kartoffel.
«Ich bin eine Blume», antwortete die Blume.
«Du bist bestimmt dafür da, um schön zu sein
und kommst auch nicht in die Suppe, oder?»,
rief die Kartoffel.
«Kann sein», sagte die Blume, «ich dufte aber
auch gut und ich gebe den Bienen Nektar.
Und wenn ich verwelke, können
die Regenwürmer mich fressen.»
Die Kartoffel war überrascht.
Es gab so viele Gründe,
um auf der Welt zu sein.
Das war alles sehr aufregend!

Da traf die Kartoffel auf einen Stein.
Er lag glatt und warm in der Sonne.
«Na, du schönes Ding, was bist du denn?», fragte sie.
«Ich bin ein Stein!», antwortete der Stein.
«Und wozu bist du auf der Welt?»,
wollte die kleine Kartoffel wissen.
«Ich?», fragte der Stein. «Was für eine Frage.
Ich bin einfach da. Ist doch toll, oder?»
Ja, toll – das fand die Kartoffel auch.
Sie war begeistert: Man konnte auch auf der Welt sein,
einfach nur, um da zu sein und in der Sonne zu liegen!

Die kleine Kartoffel war nun langsam müde geworden
und kuschelte sich in die warme Erde.
Sie fragte sich, wofür sie selbst wohl auf der Welt war?
Zum Singen – oder auch einfach nur so?
Oder sollte sie vielleicht doch in die Suppe
für ein hungriges Kind?
Und es gab ja vielleicht auch noch viel mehr,
was man im Leben tun konnte,
wovon sie nur noch gar nichts wusste.

Die kleine Kartoffel nahm sich vor, später weiter über diese Fragen nachzudenken. Sie schloss die Augen und schlief ein. Sie schlief tief und fest und lange.
Der Frühling kam. Mal schien die Sonne, mal regnete es, aber die kleine Kartoffel schlief und schlief und träumte und träumte.

Als die kleine Kartoffel erwachte,
fühlte sie sich so fit wie noch nie.
Doch als sie aufspringen wollte,
bemerkte sie etwas Seltsames:
Sie konnte sich nicht mehr bewegen.
In der Erde waren ihr Wurzeln gewachsen.
Und oben schaute ein grüner Spross aus ihr heraus.

Und plötzlich wusste sie, wofür sie auf dieser Welt war.
«Ich bin hier, damit aus mir viele andere Kartoffeln werden. Hurra!»
Und tatsächlich, aus ihr wurde eine schöne, grüne Pflanze mit Blüten für die Hummeln und Bienen.
Und unter der Erde wuchsen an ihren Wurzeln neue Kartoffeln. Richtig viele!
Das machte sie sehr glücklich.

Manche ihrer kleinen Kartoffeln
würden bestimmt zu Kartoffeln mit Soße werden.
Andere würden zu leckeren Pommes
werden und einige würden sicher
mit Freude in die Suppe hüpfen.
Und vielleicht würde eine kleine Kartoffel
auch vom Tisch kugeln und etwas
ganz anderes machen als die anderen.

Vielleicht würde sie Astronautin werden.
Wer kann das schon wissen?